Filosofia para crianças

De criança para crianças

Era uma vez!

Papai do céu que mandou!

História para colorir!

Por: Bernardo Octaviano Pereira

Este livro pertence a:

____

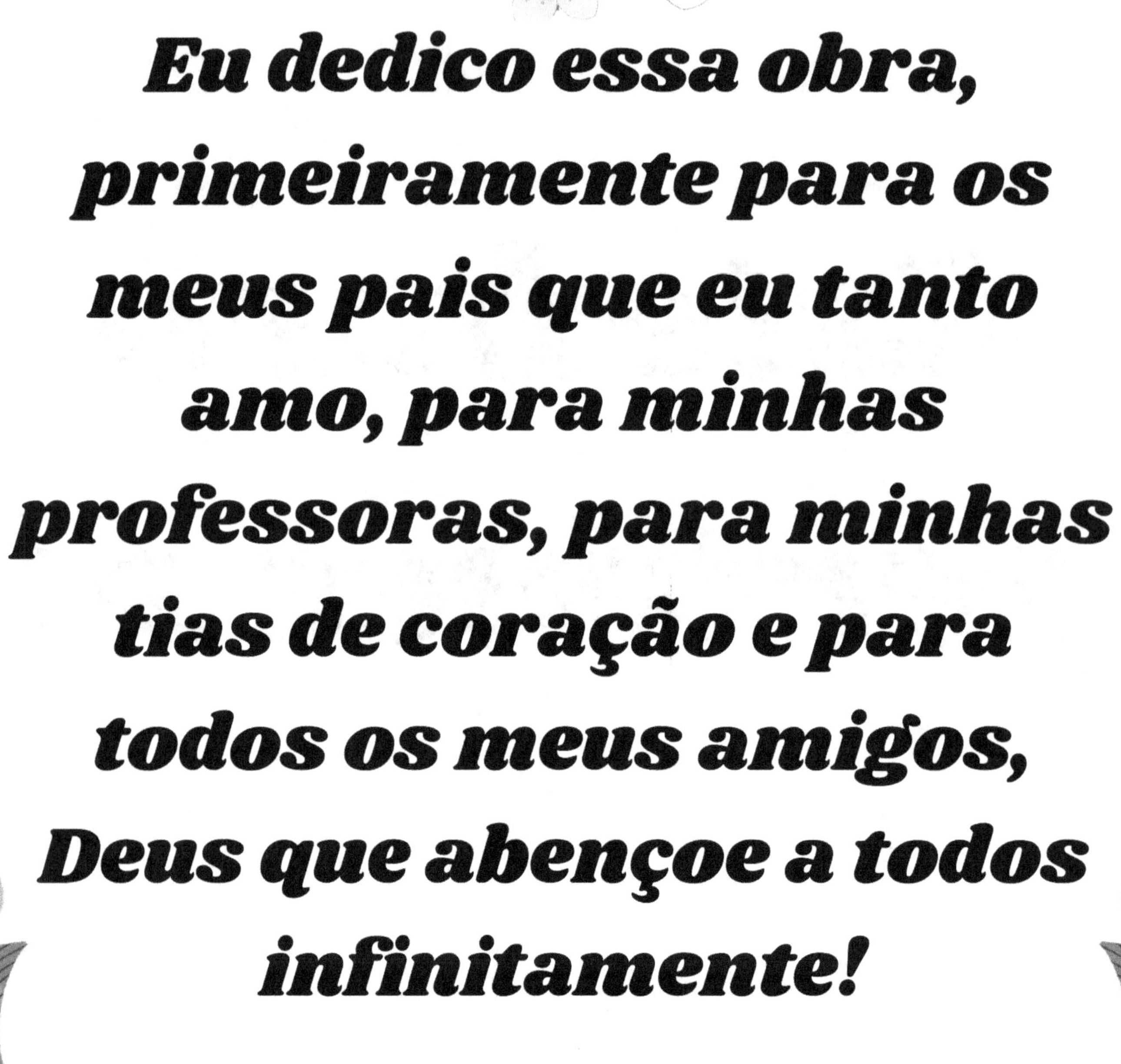

Eu dedico essa obra, primeiramente para os meus pais que eu tanto amo, para minhas professoras, para minhas tias de coração e para todos os meus amigos, Deus que abençoe a todos infinitamente!

Bernardo Octaviano Pereira

22/03/2024

Era uma vez, em uma pequena aldeia cercada por montanhas verdejantes, vivia uma mulher que cuidava de sua família com amor e carinho, mas enfrentava tempos difíceis.

As colheitas tinham sido escassas e as prateleiras de sua modesta despensa estavam vazias. Ela olhava para seus filhos com tristeza, pois não tinha alimentos para colocar em suas mesas.

Certo dia, a mulher olhou para o céu e, com um suspiro pesaroso, sussurrou uma prece silenciosa ao "papai do céu",

pedindo uma cesta de alimentos para sua família. Com esperança em seu coração, ela continuou suas tarefas diárias, confiando que suas palavras seriam ouvidas.

Para sua surpresa e alívio, não passou muito tempo antes que um bondoso mensageiro batesse à sua porta.

O mensageiro segurava uma grande cesta repleta de frutas, legumes e pães frescos. Os olhos da mulher se encheram de lágrimas de gratidão enquanto ela aceitava a generosa oferta.

"Obrigada, papai do céu, por ouvir minhas preces", murmurou a mulher, seus lábios tremendo de emoção. No entanto, antes que o homem partisse, ele hesitou por um momento e revelou a verdade por trás da entrega da cesta.

"senhora", disse ele com uma voz suave, "não foi o papai do céu quem me enviou com esses alimentos. Foi o bicho ruim."

Um calafrio percorreu a espinha da mulher ao ouvir essas palavras, mas ela recusou-se a deixar o medo consumi-la. Com uma determinação firme, ela olhou nos olhos de homem e disse:

"Não importa de onde veio essa ajuda. Quando o papai do céu manda, até mesmo o bicho ruim é obrigado a obedecer." O homem ficou impressionado pela sabedoria e coragem da mulher. Ele partiu, deixando a mulher com sua cesta de alimentos,

Nos dias que se seguiram, a história da generosidade da mulher e sua fé inabalável se espalhou por toda a aldeia. Os moradores, tocados pela coragem da mulher e inspirados por sua gentileza,

reuniram-se para ajudar. Eles plantaram novas sementes nos campos, compartilharam suas próprias colheitas e garantiram que nenhuma família passasse fome.

E assim, mesmo diante das circunstâncias mais desafiadoras, a bondade e a generosidade prevaleceram naquela pequena aldeia. A mulher, com um sorriso no rosto e gratidão em seu coração, soube que, enquanto houvesse amor e solidariedade entre as pessoas, elas sempre encontrariam uma maneira de superar qualquer adversidade.

Fim!